I MIEI

Libri

NOME: _______________

CONTATTI: _______________

____

____

____

Titolo Libro : _______________________

Autore _______________________   Nazionalita' _______________________

Genere _______________________   Anno _______________________   Pagine _______________________

Quote /Passaggi Memorabili	Pag. Numero

Personaggi

Trama in Breve

Note

Voto ☆ ☆ ☆ ☆ ☆

Titolo Libro : ______________________

Autore ______________________   Nazionalita' ______________________

Genere ______________________   Anno ______________________   Pagine ______________________

Quote /Passaggi Memorabili	Pag. Numero

Personaggi

Trama in Breve

Note

Voto ☆ ☆ ☆ ☆ ☆

Titolo Libro : ______________________

Autore ______________________   Nazionalita' ______________________

Genere ______________________   Anno ______________________   Pagine ______________________

Quote /Passaggi Memorabili	Pag. Numero

Personaggi

Trama in Breve

Note

Voto ☆ ☆ ☆ ☆ ☆

Titolo Libro :

Autore   Nazionalita'

Genere   Anno   Pagine

Quote /Passaggi Memorabili	Pag. Numero

Personaggi

Trama in Breve

Note

Voto ☆ ☆ ☆ ☆ ☆

Titolo Libro :

Autore

Nazionalita'

Genere

Anno

Pagine

Quote /Passaggi Memorabili	Pag. Numero

Personaggi

Trama in Breve

Note

Voto ☆ ☆ ☆ ☆ ☆

Titolo Libro : ___________________________

Autore _______________   Nazionalita' _______________

Genere _______________   Anno _______________   Pagine _______________

Quote /Passaggi Memorabili	Pag. Numero

Personaggi

Trama in Breve

Note

Voto ☆ ☆ ☆ ☆ ☆

Titolo Libro : _______________________________

Autore _______________________ Nazionalita' _______________

Genere _______________________ Anno _______________ Pagine _______

Quote /Passaggi Memorabili	Pag. Numero

Personaggi

Trama in Breve

Note

Voto ☆ ☆ ☆ ☆ ☆

Titolo Libro : _______________________________

Autore _______________ Nazionalita' _______________

Genere _______________ Anno _______________ Pagine _______________

Quote /Passaggi Memorabili	Pag. Numero

Personaggi

Trama in Breve

Note

Voto ☆ ☆ ☆ ☆ ☆

Titolo Libro : ______________________________

Autore _____________________   Nazionalita' __________

Genere _____________________   Anno ____________   Pagine ________

Quote /Passaggi Memorabili	Pag. Numero

Personaggi

Trama in Breve

Note

Voto ☆ ☆ ☆ ☆ ☆

Titolo Libro :

Autore   Nazionalita'

Genere   Anno   Pagine

Quote /Passaggi Memorabili	Pag. Numero

Personaggi

Trama in Breve

Note

Voto ☆ ☆ ☆ ☆ ☆

Titolo Libro :

Autore

Nazionalita'

Genere

Anno

Pagine

Quote /Passaggi Memorabili	Pag. Numero

Personaggi

Trama in Breve

Note

Voto ☆ ☆ ☆ ☆ ☆

Titolo Libro : __________________________

Autore ____________________   Nazionalita' __________

Genere ____________________   Anno __________   Pagine ______

Quote /Passaggi Memorabili	Pag. Numero

Personaggi

Trama in Breve

Note

Voto ☆ ☆ ☆ ☆ ☆

Titolo Libro :

Autore

Nazionalita'

Genere

Anno

Pagine

Quote /Passaggi Memorabili	Pag. Numero

Personaggi

Trama in Breve

Note

Voto ☆ ☆ ☆ ☆ ☆

Titolo Libro : ________________________________

Autore ________________________   Nazionalita' ____________

Genere ________________________   Anno ________________   Pagine ________

Quote /Passaggi Memorabili	Pag. Numero

Personaggi

Trama in Breve

Note

Voto ☆ ☆ ☆ ☆ ☆

Titolo Libro :

Autore

Nazionalita'

Genere

Anno

Pagine

Quote /Passaggi Memorabili	Pag. Numero

Personaggi

Trama in Breve

Note

Voto ☆ ☆ ☆ ☆ ☆

Titolo Libro : _______________________________

Autore _______________   Nazionalita' _______________

Genere _______________   Anno _______________   Pagine _______

Quote /Passaggi Memorabili	Pag. Numero

Personaggi

Trama in Breve

Note

Voto ☆ ☆ ☆ ☆ ☆

Titolo Libro :

Autore   Nazionalita'

Genere   Anno   Pagine

Quote /Passaggi Memorabili	Pag. Numero

Personaggi

Trama in Breve

Note

Voto ☆ ☆ ☆ ☆ ☆

Titolo Libro :

Autore ______________________   Nazionalita' ______________________

Genere ______________________   Anno ______________________   Pagine ______________________

Quote /Passaggi Memorabili	Pag. Numero

Personaggi

Trama in Breve

Note

Voto ☆ ☆ ☆ ☆ ☆

Titolo Libro : ______________________

Autore ______________   Nazionalita' ______________

Genere ______________   Anno ______________   Pagine ______

Quote /Passaggi Memorabili	Pag. Numero

Personaggi

Trama in Breve

Note

Voto ☆ ☆ ☆ ☆ ☆

Titolo Libro : _______________________________

Autore _______________   Nazionalita' _______________

Genere _______________   Anno _______________   Pagine _______________

Quote /Passaggi Memorabili	Pag. Numero

Personaggi

Trama in Breve

Note

Voto ☆ ☆ ☆ ☆ ☆

Titolo Libro :

Autore   Nazionalita'

Genere   Anno   Pagine

Quote /Passaggi Memorabili	Pag. Numero

Personaggi

Trama in Breve

Note

Voto ☆ ☆ ☆ ☆ ☆

Titolo Libro :

Autore   Nazionalita'

Genere   Anno   Pagine

Quote /Passaggi Memorabili	Pag. Numero

Personaggi

Trama in Breve

Note

Voto ☆ ☆ ☆ ☆ ☆

Titolo Libro : __________________________

Autore __________________________   Nazionalita' __________________

Genere __________________________   Anno __________________   Pagine __________

Quote /Passaggi Memorabili	Pag. Numero

Personaggi

Trama in Breve

Note

Voto ☆ ☆ ☆ ☆ ☆

Titolo Libro : _______________________________

Autore ___________________   Nazionalita' ___________

Genere ___________________   Anno ___________   Pagine _______

Quote /Passaggi Memorabili	Pag. Numero

Personaggi

Trama in Breve

Note

Voto ☆ ☆ ☆ ☆ ☆

Titolo Libro : ______________________________

Autore ____________________   Nazionalita' ____________

Genere ____________________   Anno ____________   Pagine ______

Quote /Passaggi Memorabili	Pag. Numero

Personaggi

Trama in Breve

Note

Voto ☆ ☆ ☆ ☆ ☆

Titolo Libro : _______________________________

Autore _______________________   Nazionalita' __________

Genere _______________________   Anno __________   Pagine ______

Quote /Passaggi Memorabili	Pag. Numero

Personaggi

Trama in Breve

Note

Voto ☆ ☆ ☆ ☆ ☆

Titolo Libro : _______________________________

Autore ___________________   Nazionalita' ___________

Genere ___________________   Anno ___________   Pagine _______

Quote /Passaggi Memorabili	Pag. Numero

Personaggi

Trama in Breve

Note

Voto ☆ ☆ ☆ ☆ ☆

Titolo Libro : _______________________

Autore _______________________   Nazionalita' _______________

Genere _______________________   Anno _______________   Pagine _______

Quote /Passaggi Memorabili	Pag. Numero

Personaggi

Trama in Breve

Note

Voto ☆ ☆ ☆ ☆ ☆

Titolo Libro : ___________________________

Autore ___________________   Nazionalita' ___________

Genere ___________________   Anno ___________   Pagine _______

Quote /Passaggi Memorabili	Pag. Numero

Personaggi

Trama in Breve

Note

Voto ☆ ☆ ☆ ☆ ☆

Titolo Libro :

Autore   Nazionalita'

Genere   Anno   Pagine

Quote /Passaggi Memorabili	Pag. Numero

Personaggi

Trama in Breve

Note

Voto ☆ ☆ ☆ ☆ ☆

Titolo Libro : _______________________

Autore _______________________ Nazionalita' _______________________

Genere _______________________ Anno _______________________ Pagine _______

Quote /Passaggi Memorabili	Pag. Numero

Personaggi

Trama in Breve

Note

Voto ☆ ☆ ☆ ☆ ☆

Titolo Libro :

Autore   Nazionalita'

Genere   Anno   Pagine

Quote /Passaggi Memorabili	Pag. Numero

Personaggi

Trama in Breve

Note

Voto ☆ ☆ ☆ ☆ ☆

Titolo Libro : _______________________

Autore _______________________   Nazionalita' _______________

Genere _______________________   Anno _______________   Pagine _______

Quote /Passaggi Memorabili	Pag. Numero

Personaggi

Trama in Breve

Note

Voto ☆ ☆ ☆ ☆ ☆

Titolo Libro :

Autore

Nazionalita'

Genere

Anno

Pagine

Quote /Passaggi Memorabili	Pag. Numero

Personaggi

Trama in Breve

Note

Voto ☆ ☆ ☆ ☆ ☆

Titolo Libro :

Autore   Nazionalita'

Genere   Anno   Pagine

Quote /Passaggi Memorabili	Pag. Numero

Personaggi

Trama in Breve

Note

Voto ☆ ☆ ☆ ☆ ☆

Titolo Libro :

Autore ___________________ Nazionalita' ___________

Genere ___________________ Anno ___________ Pagine _______

Quote /Passaggi Memorabili	Pag. Numero

Personaggi

Trama in Breve

Note

Voto ☆ ☆ ☆ ☆ ☆

Titolo Libro : ______________________________

Autore ______________________   Nazionalita' __________

Genere ______________________   Anno __________   Pagine ______

Quote /Passaggi Memorabili	Pag. Numero

Personaggi

Trama in Breve

Note

Voto   ☆ ☆ ☆ ☆ ☆

Titolo Libro :

Autore

Nazionalita'

Genere

Anno

Pagine

Quote /Passaggi Memorabili	Pag. Numero

Personaggi

Trama in Breve

Note

Voto ☆ ☆ ☆ ☆ ☆

Titolo Libro : __________________________________

Autore _______________________   Nazionalita' __________

Genere _______________________   Anno ______________   Pagine ________

Quote /Passaggi Memorabili	Pag. Numero

Personaggi

Trama in Breve

Note

Voto ☆ ☆ ☆ ☆ ☆

Titolo Libro : ___________________________

Autore ___________________   Nazionalita' ___________

Genere ___________________   Anno ___________   Pagine ______

Quote /Passaggi Memorabili	Pag. Numero

Personaggi

Trama in Breve

Note

Voto ☆ ☆ ☆ ☆ ☆

Titolo Libro : ______________________________

Autore ______________________ Nazionalita' ______________

Genere ______________________ Anno ______________ Pagine ______

Quote /Passaggi Memorabili	Pag. Numero

Personaggi

Trama in Breve

Note

Voto ☆ ☆ ☆ ☆ ☆

Titolo Libro : ______________________________

Autore ______________________   Nazionalita' ______________

Genere ______________________   Anno ______________   Pagine ______

Quote /Passaggi Memorabili	Pag. Numero

Personaggi

Trama in Breve

Note

Voto ☆ ☆ ☆ ☆ ☆

Titolo Libro : ______________________________

Autore ___________________ Nazionalita' ___________

Genere ___________________ Anno ___________ Pagine _______

Quote /Passaggi Memorabili	Pag. Numero

Personaggi

Trama in Breve

Note

Voto ☆ ☆ ☆ ☆ ☆

Titolo Libro : _______________________

Autore ___________________   Nazionalita' __________

Genere ___________________   Anno __________   Pagine ______

Quote /Passaggi Memorabili	Pag. Numero

Personaggi

Trama in Breve

Note

Voto ☆ ☆ ☆ ☆ ☆

Titolo Libro : ___________________________________

Autore ___________________ Nazionalita' ___________

Genere ___________________ Anno ___________ Pagine _______

Quote /Passaggi Memorabili	Pag. Numero

Personaggi

Trama in Breve

Note

Voto ☆ ☆ ☆ ☆ ☆

Titolo Libro :

Autore   Nazionalita'

Genere   Anno   Pagine

Quote /Passaggi Memorabili	Pag. Numero

Personaggi

Trama in Breve

Note

Voto ☆ ☆ ☆ ☆ ☆

Titolo Libro :

Autore   Nazionalita'

Genere   Anno   Pagine

Quote /Passaggi Memorabili	Pag. Numero

Personaggi

Trama in Breve

Note

Voto ☆ ☆ ☆ ☆ ☆

Titolo Libro :

Autore

Nazionalita'

Genere

Anno

Pagine

Quote /Passaggi Memorabili	Pag. Numero

Personaggi

Trama in Breve

Note

Voto ☆ ☆ ☆ ☆ ☆

Titolo Libro : _______________________________

Autore _______________   Nazionalita' _______________

Genere _______________   Anno _______________   Pagine _______________

Quote /Passaggi Memorabili	Pag. Numero

Personaggi

Trama in Breve

Note

Voto ☆ ☆ ☆ ☆ ☆

Titolo Libro : ____

Autore ___________________   Nazionalita' ___________

Genere ___________________   Anno ___________   Pagine ________

Quote /Passaggi Memorabili	Pag. Numero

Personaggi

Trama in Breve

Note

Voto ☆ ☆ ☆ ☆ ☆

Titolo Libro : ___________________

Autore _____________   Nazionalita' _______

Genere _____________   Anno _______   Pagine _____

Quote /Passaggi Memorabili	Pag. Numero

Personaggi

Trama in Breve

Note

Voto ☆ ☆ ☆ ☆ ☆

Titolo Libro : ______________________________

Autore _________________ Nazionalita' _________________

Genere _________________ Anno _________________ Pagine _________

Quote /Passaggi Memorabili	Pag. Numero

Personaggi

Trama in Breve

Note

Voto ☆ ☆ ☆ ☆ ☆

Titolo Libro :

Autore   Nazionalita'

Genere   Anno   Pagine

Quote /Passaggi Memorabili	Pag. Numero

Personaggi

Trama in Breve

Note

Voto ☆ ☆ ☆ ☆ ☆

Titolo Libro : _______________________________

Autore _______________________ Nazionalita' _______________

Genere _______________________ Anno _______________ Pagine _______

Quote /Passaggi Memorabili	Pag. Numero

Personaggi

Trama in Breve

Note

Voto ☆ ☆ ☆ ☆ ☆

Titolo Libro :

Autore   Nazionalita'

Genere   Anno   Pagine

Quote /Passaggi Memorabili	Pag. Numero

Personaggi

Trama in Breve

Note

Voto ☆ ☆ ☆ ☆ ☆

Titolo Libro :

Autore __________________   Nazionalita' __________

Genere __________________   Anno __________________   Pagine __________

Quote /Passaggi Memorabili	Pag. Numero

Personaggi

Trama in Breve

Note

Voto ☆ ☆ ☆ ☆ ☆

Titolo Libro :

Autore

Nazionalita'

Genere

Anno

Pagine

Quote /Passaggi Memorabili	Pag. Numero

Personaggi

Trama in Breve

Note

Voto ☆ ☆ ☆ ☆ ☆

Titolo Libro : ______________________________

Autore ______________________   Nazionalita' __________

Genere ______________________   Anno ______________   Pagine ______

Quote /Passaggi Memorabili	Pag. Numero

Personaggi

Trama in Breve

Note

Voto ☆ ☆ ☆ ☆ ☆

Titolo Libro : ______________________

Autore ______________________   Nazionalita' ______________________

Genere ______________________   Anno ______________________   Pagine ______________________

Quote /Passaggi Memorabili	Pag. Numero

Personaggi

Trama in Breve

Note

Voto ☆ ☆ ☆ ☆ ☆

www.ingramcontent.com/pod-product-compliance
Lightning Source LLC
Chambersburg PA
CBHW071531150726
48000CB00002B/750